LOI DU 3 MAI 1844

SUR LA

POLICE DE LA CHASSE

ANNOTÉE, COMMENTÉE ET MISE A JOUR

9ᵉ ÉDITION

PARIS

Henri CHARLES-LAVAUZELLE

Éditeur militaire

10, Rue Danton, Boulevard Saint-Germain, 118

(MÊME MAISON A LIMOGES)

LOI DU 3 MAI 1844

SUR LA

POLICE DE LA CHASSE

LOI DU 3 MAI 1844

SUR LA

POLICE DE LA CHASSE

ANNOTÉE, COMMENTÉE ET MISE A JOUR

9ᵉ ÉDITION

PARIS

Henri CHARLES-LAVAUZELLE

Éditeur militaire

10, Rue Danton, Boulevard Saint-Germain, 118

(*Même Maison à Limoges*)

LOI DU 3 MAI 1844

POLICE DE LA CHASSE

SECTION PREMIÈRE

DE L'EXERCICE DU DROIT DE CHASSE

Article premier. — Nul ne pourra chasser, sauf les exceptions ci-après, si la chasse n'est pas ouverte et s'il ne lui a pas été délivré un permis de chasse par l'autorité compétente.

Nul n'aura la faculté de chasser sur la propriété d'autrui sans le consentement du propriétaire ou de ses ayants droit.

Le décret du 4 mai 1812, qui réglementait la police de la chasse avant la loi du 3 mai 1844, n'exigeait le permis de l'autorité compétente que pour la chasse au fusil. Cette législation a été modifiée en ce sens que l'ancien *permis de port d'armes* a été remplacé par un *permis de chasse*, sans lequel il est interdit de se livrer à aucun acte de chasse quelconque.

Des faits qui constituent la chasse. — Le mot *chasse* doit être entendu dans le sens le plus large et s'applique, aux termes mêmes de la circulaire ministérielle en date du 9 mai 1844, à tout moyen ou procédé ayant pour but de rechercher, de poursuivre ou d'atteindre un animal sauvage ou un oiseau. Le plus usuel de ces moyens est l'*emploi* d'armes à feu, qui, sauf preuve contraire, établit *celui qui a tiré*, en présomption d'acte de chasse. Mais tous les autres moyens, tendant au même but, doivent être rangés dans la catégorie des actes de chasse.

Ainsi, doivent être considérés comme délits de chasse, selon la jurisprudence :

1o Le fait de poursuivre le gibier avec des pierres ou un bâton ;

2o Le fait de faire chasser le gibier par des chiens courants et même par des chiens d'arrêt, quoique le chasseur ne soit pas armé, ou de laisser, sous ses yeux et à sa portée, des chiens courants quêter et poursuivre le gibier, sur le terrain d'autrui, sans essayer de les rompre ou les rappeler ;

3o Le fait de faire quêter un chien, même à trait de limier, alors même que cette manœuvre aurait pour but non la capture du gibier, mais simplement l'exercice ou l'essai du chien, ou la découverte des endroits les plus giboyeux.

4o Le fait d'avoir été trouvé sur un terrain propre à la chasse, armé et dans l'attitude du chasseur;

5o Le fait de se placer à l'affût sur le passage du gibier;

6° Le fait de s'emparer avec la main d'un gibier blessé.

Mais, ne sauraient constituer des délits de chasse :

1° Le simple fait d'avoir été rencontré dans le costume et avec tout l'attirail d'un chasseur;

2° Le fait de se promener, avant l'ouverture de la chasse, en recherchant par soi-même les endroits giboyeux;

3° Le fait d'assister à une chasse, en simple curieux ou spectateur;

4° La circonstance qu'un chien, guidé par son seul instinct et sans y être poussé par son maître, aura parcouru la campagne en faisant lever le gibier.

5° Le fait de boucher des terriers sur le terrain d'autrui avant que des bourses n'aient été posées et un furet introduit dans les terriers.

Le piqueur est tenu d'avoir un permis de chasse, lorsqu'il dirige ou appuie les chiens.

Le valet de chiens n'est pas soumis à la même obligation ainsi que le domestique qui suit son maître pour lui porter sa gibecière ou même pour lui charger son fusil.

Le traqueur ou rabatteur n'est pas obligé d'avoir un permis, si le chasseur en a un. Il en est de même des fureteurs.

Du consentement du propriétaire ou de ses ayants droit. — Les ayants droit sont ceux au profit desquels le propriétaire s'est dépouillé de son droit de chasse, par exemple un fermier de ce droit. Propriétaires ou ayants droit ont seuls qualité pour accorder la permission de chasser. La loi n'exige pas que le consentement soit exprès ou par écrit : c'est aux tribunaux

d'apprécier s'il a ou non existé. Le consentement du propriétaire est toujours présumé
exister lorsque la poursuite a lieu à la diligence
du ministère public, excepté dans le cas prévu
par l'article 26 (chasse sur un terrain clos ou
sur des terres non encore dépouillées de leurs
récoltes), ou c'est au contraire le défaut de consentement qui doit être présumé.

Mais comme, en règle générale et sauf l'exception que nous venons de citer, le délit de chasse
sur le terrain d'autrui ne peut être poursuivi que
sur la plainte du propriétaire du terrain, cette
plainte devra être jointe au procès-verbal constatant le délit, et alors la présomption de consentement cesse, c'est au prévenu à en rapporter
la preuve.

Le consentement du propriétaire ou de ses
ayants droit est nécessaire pour chasser sur un
chemin privé.

On admet, en général, que tout le monde peut
chasser sans autorisation, avec permis et à
condition qu'aucun arrêté municipal ou préfectoral ne l'interdise, bien entendu, sur les routes
et chemins publics.

Art. 2. — Le propriétaire ou possesseur
peut chasser ou faire chasser, en tout
temps, sans permis de chasse, dans ses
possessions attenantes à une habitation
et entourées d'une clôture continue faisant obstacle à toute communication
avec les héritages voisins.

Cet article a encore modifié la législation anté-
rieure. La loi du 30 avril 1790 permettait au pro-

priétaire ou possesseur de chasser en tout temps dans ses terres et dans celles de ses possessions qui étaient séparées des héritages voisins par des murs ou des haies vives, lors même qu'elles étaient éloignées de toute habitation. La règle ainsi posée présentait un double inconvénient : 1º la chasse dans les bois était un obstacle à la reproduction du gibier ; 2º dans certains départements, la plupart des champs étant clos de haies, la chasse était ainsi autorisée presque partout et sans permis. Ces deux inconvénients disparaissent en grande partie avec l'article 2 de la loi du 3 mai 1844. La chasse n'est plus permise au propriétaire ou possesseur qu'à une double condition : 1º que le terrain soit attenant à une habitation ; 2º qu'il soit complètement clos.

Les termes de la loi doivent être entendus dans un sens rigoureux.

Ainsi, le fait de chasse dans un enclos qui n'est pas attenant à une habitation constitue un délit. Il est nécessaire, en outre, que l'habitation et l'enclos soient entre les mains du même propriétaire ou possesseur.

Il ne faut pas entendre par habitation une construction quelconque, par exemple une cabane accidentellement habitée, mais un bâtiment habité actuellement ou tout au moins destiné à l'habitation à certains intervalles, tel, par exemple, une résidence d'été.

L'article 2 ne désigne aucun mode de clôture particulier, mais son but ayant trait à l'inviolabilité du domicile et non à la garde du gibier, la clôture qui répondra au vœu de la loi sera celle empêchant l'introduction des hommes par les moyens ordinaires. Elle devra donc être suffisamment haute et résistante pour empêcher cette introduction et ne pas présenter de brèches.

Dans les propriétés closes, telles qu'elles viennent d'être définies, la chasse est permise en tout temps et à l'aide de tous moyens, à l'exception toutefois des engins prohibés, dont la loi punit la simple détention. (V. art. 12 ci-dessous.)

Art. 3. — Les préfets détermineront, par des arrêtés publiés au moins dix jours à l'avance, les époques des ouvertures et celles des clôtures des chasses, soit à tir, soit à courre, à cor et à cri, dans chaque département (loi du 22 janvier 1874).

Ils pourront, dans le même délai, sur l'avis du conseil général, retarder la date de l'ouverture et avancer la date de la clôture de la chasse à l'égard d'une espèce de gibier déterminée (loi du 16 février 1898).

Les préfets doivent fixer par deux arrêtés, et non par un arrêté unique, l'époque de l'ouverture et celle de la clôture. Ils peuvent modifier leurs arrêtés. Les nouveaux arrêtés sont obligatoires, même avant l'expiration du délai de dix jours, s'il est établi que les citoyens en ont eu régulièrement connaissance. Ils peuvent aussi fixer non seulement le jour, mais encore l'heure de l'ouverture de la chasse.

Art. 4. — Dans chaque département, il est interdit de mettre en vente, de vendre, d'acheter, de transporter et de colporter du gibier pendant le temps où la chasse n'y est pas permise.

En cas d'infraction à cette disposition, le gibier sera saisi et immédiatement livré à l'établissement de bienfaisance le plus voisin, en vertu soit d'une ordonnance du juge de paix, si la saisie a eu lieu au chef-lieu du canton, soit d'une autorisation du maire, si le juge de paix est absent, ou si la saisie a été faite dans une commune autre que celle du chef-lieu. Cette ordonnance ou cette autorisation sera délivrée sur la requête des agents ou gardes qui auront opéré la saisie, et sur la présentation du procès-verbal régulièrement dressé.

La recherche du gibier à domicile ne pourra être faite que chez les aubergistes, chez les marchands de comestibles et dans les lieux ouverts au public.

Il est interdit de prendre ou de détruire, sur le terrain d'autrui, des œufs et des couvées de faisans, de perdrix et de cailles.

Une circulaire du ministre de l'intérieur, en date du 22 juillet 1851, accorde pour la vente du gibier une tolérance de un ou deux jours après la fermeture de la chasse.

La prohibition édictée par l'article 4 n'est pas
applicable aux oiseaux de passage et au gibier
d'eau, pendant le temps où la chasse en est
permise, après la clôture de la chasse ordinaire
et au temps de neige, pendant lequel il est
permis de transporter, colporter, vendre et
acheter le gibier.

Mais elle s'applique, après la clôture de la
chasse, à toute sorte de gibier, quelle qu'en soit
l'origine. Ainsi, le propriétaire ou possesseur n'a
pas le droit de vendre, acheter ou transporter le
gibier tué sur son terrain clos et attenant à une
habitation. Il est de même interdit de vendre ou
colporter des lapins de garenne tués en temps
prohibé ou tous autres animaux déclarés par
le préfet malfaisants ou nuisibles, mais dont la
chair est propre à l'alimentation.

Des arrêtés préfectoraux peuvent interdire,
en tout temps, la destruction, la capture, la
vente, le transport et le colportage des petits
oiseaux, quoique le préfet en ait autorisé la destruction.

La vente et le transport des conserves de gibier
peuvent avoir lieu pendant que la chasse est prohibée. Il n'en serait pas de même si le gibier
n'avait subi aucune transformation industrielle
de nature à le rendre méconnaissable. C'est
ainsi que serait interdite la vente ou le transport
de gibier conservé dans un appareil frigorifique.

Un récépissé constatant la remise du gibier
saisi à un établissement de bienfaisance doit être
joint au procès-verbal.

La recherche du gibier peut être faite, en temps
prohibé, dans les voitures et dans les paniers,
mais non sur les personnes, sauf dans le cas
tout à fait exceptionnel où il existerait des
présomptions d'une extrême gravité.

Les préfets peuvent étendre l'interdiction de prendre ou de détruire les œufs et couvées de faisans, de perdrix et de cailles, aux œufs et aux couvées d'autres oiseaux. Les propriétaires ont, au contraire, toujours le droit de prendre et détruire les œufs ou couvées sur leur terrain.

Art. 5. — Les permis de chasse seront délivrés, sur l'avis du maire et du sous-préfet, par le préfet du département dans lequel celui qui en fera la demande aura sa résidence ou son domicile.

La délivrance des permis de chasse donnera lieu au paiement d'un droit de dix-huit francs (18 fr.) au profit de l'Etat, et de dix francs (10 fr.) au profit de la commune dont le maire aura donné l'avis énoncé au paragraphe précédent.

Les permis de chasse seront personnels; ils seront valables pour tout le royaume, et pour un an seulement.

Les sous-préfets délivrent aujourd'hui des permis de chasse.

Le jour de la délivrance d'un permis de chasse n'est pas compris dans le délai d'une année fixé pour sa durée. En conséquence, un permis de chasse délivré le 1er septembre est encore valable le 1er septembre de l'année suivante.

Néanmoins, on peut chasser le jour même de la délivrance du permis, ou du moins pendant la fraction de ce jour postérieure à la remise du permis à l'intéressé.

Le droit au profit de l'Etat s'est trouvé porté à 18 francs par l'établissement de deux centimes additionnels. (Loi du 2 juin 1875.)

Le permis est personnel et ne peut être prêté. L'article 154 du Code pénal punit d'un emprisonnement de trois mois à un an quiconque aura fait usage d'un permis de chasse délivré sous un autre nom que le sien.

Art. 6. — Le préfet pourra refuser le permis de chasse :

1° A tout individu qui ne sera point personnellement inscrit ou dont le père ou la mère ne serait pas inscrit au rôle des contributions ;

2° A tout individu qui, par une condamnation judiciaire, a été privé de l'un ou de plusieurs des droits énumérés dans l'article 42 du Code pénal, autres que le droit du port d'armes ;

3° A tout condamné à un emprisonnement de plus de six mois pour rébellion ou violence envers les agents de l'autorité publique ;

4° A tout condamné pour délit d'association illicite ; de fabrication, débit, distribution de poudre, armes ou autres munitions de guerre ; de menaces écrites

ou de menaces verbales avec ordre ou
sous condition ; d'entraves à la circulation
des grains ; de dévastation d'arbres ou de
récoltes sur pied, de plants venus naturel-
lement ou faits de main d'homme ;

5º A ceux qui auront été condamnés
pour vagabondage, mendicité, vol, escro-
querie ou abus de confiance.

La faculté de refuser le permis de chasse
aux condamnés dont il est question dans
les paragraphes 3, 4 et 5 cessera cinq ans
après l'expiration de la peine.

Art. 7. — Le permis de chasse ne sera
pas délivré :

1º Aux mineurs qui n'auront pas seize
ans accomplis ;

2º Aux mineurs de seize à vingt et un
ans, à moins que le permis ne soit de-
mandé pour eux par leur père, mère,
tuteur ou curateur porté au rôle des
contributions ;

3º Aux interdits ;

4º Aux gardes champêtres ou forestiers
des communes et établissements publics,
ainsi qu'aux gardes forestiers de l'Etat et
aux gardes-pêche ;

Il va de soi que dans les cas prévus par le paragraphe 2, la mère ne peut agir que lorsque le père n'est pas en état de le faire, parce qu'il est, par exemple, interdit ou même absent, à condition qu'il s'agisse d'une absence prolongée et non passagère. Ainsi la demande appartient d'abord au père, puis, s'il est décédé ou hors d'état de le faire, à la mère; à défaut de père ou mère, c'est le tuteur qui fera la demande. Si le mineur est émancipé, il demandera lui-même son permis avec l'assistance de son curateur.

La chasse est interdite aux sous-officiers, brigadiers et gendarmes.

Les gardes particuliers peuvent obtenir des permis de chasse.

Art. 8. — Le permis de chasse ne sera pas accordé :

1o A ceux qui, par suite de condamnations, sont privés du droit de port d'armes ;

2o A ceux qui n'auront pas exécuté les condamnations prononcées contre eux pour l'un des délits prévus par la présente loi ;

3o A tout condamné placé sous la surveillance de la haute police.

Le condamné pour délit de chasse qui, par fraude, s'est fait délivrer un permis, quoiqu'il ne soit pas libéré du montant des condamnations antérieures prononcées contre lui, ne peut être poursuivi pour fait de chasse, tant que le retrait du permis prononcé par l'autorité administrative ne lui a pas été notifié.

La surveillance de la haute police a été remplacée par l'interdiction de séjour. (Loi du 27 mai 1885.)

L'interdiction de séjour entraîne la même incapacité que la surveillance de la haute police, au point de vue de l'obtention du permis de chasse.

Art. 9. — Dans le temps où la chasse est ouverte, le permis de chasse donne à celui qui l'a obtenu le droit de chasser de jour, soit à tir, soit à courre, à cor et à cri, suivant les distinctions établies par les arrêtés préfectoraux, sur ses propres terres, et sur les terres d'autrui avec le consentement de celui à qui le droit de chasse appartient.

Tous les autres moyens de chasse, à l'exception des furets et des bourses destinés à prendre les lapins, sont formellement prohibés.

Néanmoins, les préfets des départements, sur l'avis des conseils généraux, et le préfet de police, dans la circonscription de sa préfecture, prendront des arrêtés pour déterminer :

1o L'époque de la chasse des oiseaux de passage autres que la caille, la nomencla-

Police de la chasse.　　　　　　　2

ture des oiseaux et les modes et les pro-
cédés de chasse pour les diverses espèces;

2º Le temps pendant lequel il sera permis de chasser le gibier d'eau, dans les
marais, sur les étangs, fleuves et rivières;

3º Les espèces d'animaux malfaisants
ou nuisibles, que le propriétaire, possesseur ou fermier pourra en tout temps
détruire sur ses terres, et les conditions
de l'exercice de ce droit, sans préjudice
du droit appartenant au propriétaire ou
au fermier de repousser ou de détruire,
même avec des armes à feu, les bêtes
fauves qui porteraient dommage à ses
propriétés.

Ils pourront prendre également des arrêtés :

1º Pour prévenir la destruction des oiseaux ou pour favoriser leur repeuple-
ment;

2º Pour autoriser l'emploi des chiens
lévriers pour la destruction des animaux
malfaisants ou nuisibles;

3º Pour interdire la chasse pendant les
temps de neige. (Loi du 22 janvier 1874.)

Chasse sur les terres d'autrui. — Chassent sur

les terres d'autrui : 1° celui qui, après y avoir pénétré, y tue du gibier ; 2° celui qui, se trouvant sur son propre terrain, tire du gibier situé sur le terrain d'autrui ; 3° celui qui, se trouvant sur le terrain d'autrui, tire du gibier situé sur son propre terrain.

Chassent aussi sur les terres d'autrui ceux qui y font quêter leurs chiens ou y font traquer et se postent à la sortie des terres pour attendre le gibier.

Mais le simple passage, sur la terre d'autrui, d'un chasseur qui n'y a pris aucune attitude de chasse, ne saurait constituer un acte de chasse. Pour éviter toute équivoque, il est prudent, dans ce cas, de désarmer son fusil et retenir ses chiens durant le temps du passage. — De même, le fait de poursuivre sur les terres d'autrui, pour s'en emparer, un animal que l'on vient de blesser *mortellement* et qui ne peut plus désormais échapper, peut donner lieu, suivant les cas, à la contravention prévue par l'article 475 n° 9 du Code pénal et à des dommages intérêts envers le propriétaire dont les récoltes seraient endommagées, mais ne constitue pas un acte de chasse, surtout si l'on prend la précaution de laisser son arme ou de la décharger avant de pénétrer sur la terre d'autrui.

Chasse de nuit. — L'article 9 prend bien soin de spécifier que la chasse n'est permise que de jour. Pour déterminer le temps de nuit, il faut moins s'attacher à l'heure légale du coucher du soleil, qu'au moment où l'œil humain ne peut plus discerner nettement les objets. — Nous avons déjà fait remarquer que le propriétaire ou possesseur de terrains clos attenant à une habitation peut chasser en tout temps, même la nuit. — L'interdiction de chasser la nuit ne concerne pas non plus certaines chasses particulières, par exemple, celle des bêtes fauves qui porteraient dommage ou même celle des animaux déclarés malfaisants et nuisibles par arrêté préfectoral.

La chasse à l'affût est permise, à moins qu'elle n'ait lieu durant la nuit.

Des modes de chasse. — L'article 9 prohibe d'une manière formelle tous genres de chasse autres que la chasse à tir, à courre, à cor et à cri, et la chasse aux lapins, à l'aide de furets et de bourses.

Est licite la chasse avec traqueurs qui n'est qu'un mode particulier de la chasse à tir. La chasse à tir avec l'aide d'un miroir est permise pour la même raison. La pose de banderoles le long des clôtures, afin d'empêcher, en l'effrayant, le gibier qui a pénétré dans une propriété pendant la nuit d'en ressortir, le jour, pour rentrer sous bois, est licite et peut avoir lieu même pendant la nuit.

Sont également permises les trappes à bascule ou planchettes mobiles établies dans les clôtures pour permettre l'entrée du gibier et en empêcher ensuite la sortie ; mais serait interdit l'emploi d'un parc en treillis de fer sur les côtés duquel sont disposées des trappes, dites américaines, et dans lequel le gibier, attiré par des appâts, reste enfermé et à la disposition du propriétaire d'un parc.

La chasse au faucon, à l'épervier, à l'autour ou à l'aide d'un oiseau de proie quelconque est prohibée.

Engins prohibés. — Tous engins ou instruments de chasse autres que le fusil sont, en principe, prohibés. La loi ne fait exception que pour les furets et les bourses à prendre les lapins. Les arrêtés préfectoraux peuvent aussi autoriser certains engins pour la chasse des oiseaux de passage, la destruction des animaux malfaisants ou nuisibles et des bêtes fauves, dans le cas de légitime défense.

Sont notamment prohibés : les lacets et collets, les panneaux, les raquettes ou sauterelles, les trébuchets, les traquenards, les gluaux, les maisonnettes à lièvres, les pots à moineaux, etc., etc.

Oiseaux de passage. — Les préfets peuvent autoriser la chasse des oiseaux de passage, même avec les instruments dont l'usage est prohibé pour la chasse du gibier ordinaire; dans ce cas, l'emploi ou la détention de ces engins ne saurait constituer un délit.

Quoique la caille soit un oiseau de passage, elle a été exceptée de la disposition applicable aux oiseaux de cette espèce; la chasse n'en peut donc avoir lieu que suivant les règles applicables au gibier ordinaire.

Gibier d'eau — La loi de 1790 donnait à tout propriétaire ou possesseur la faculté de chasser, en toute saison, sur ses lacs et étangs. La loi de 1844 ne lui permet cette chasse que pendant le temps déterminé par les préfets.

La chasse du gibier d'eau, comme celle des oiseaux de passage, nécessite l'obtention d'un permis de chasse. Elle n'est permise, en outre, que par les moyens ordinaires, le pouvoir accordé aux préfets d'autoriser certains engins pour la chasse des oiseaux de passage ne s'étendant pas au gibier d'eau. Il importe aussi de remarquer que cette chasse n'est permise que sur les marais, étangs, fleuves et rivières ou les terrains contigus qui peuvent y être assimilés.

Animaux nuisibles. — L'action de détruire les animaux malfaisants et de repousser les bêtes fauves est un véritable exercice du droit de légitime défense de la part des propriétaires qui cherchent à préserver leurs personnes ou leurs récoltes; il n'est donc pas nécessaire qu'ils soient munis de permis de chasse.

En ce qui touche les animaux nuisibles ou malfaisants, ils ne peuvent être chassés sans délit, qu'autant qu'ils sont compris dans la liste des animaux reconnus tels par l'arrêté préfectoral et que le chasseur se conforme aux conditions contenues dans le même arrêté.

Quant aux bêtes fauves, elles peuvent être repoussées en tout temps et par n'importe quel moyen dès qu'il y a danger ou dommage imminent pour les propriétés.

Sont regardées comme bêtes fauves : le renard, le sanglier, le chevreuil, le daim, le chamois, le cerf, la fouine, le putois, le blaireau, le loup, la loutre, la martre, etc.

Le lapin est, en général, considéré comme animal nuisible. Il n'en est pas de même du lièvre, à moins qu'il n'ait été classé comme tel dans l'arrêté; ce n'est pas davantage une bête fauve.

Chiens lévriers. — En règle générale, l'emploi des chiens lévriers est interdit : il ne saurait y avoir de doute à cet égard. Un pareil mode de chasse constitue le délit de chasse par des moyens prohibés et tombe sous l'application du paragraphe 2 de l'article 12; les préfets ne peuvent l'autoriser qu'exceptionnellement et pour la destruction des animaux nuisibles.

Chasse en temps de neige. — L'arrêté préfectoral qui interdit la chasse en temps de neige n'a pas besoin d'être renouvelé chaque année : il est permanent de sa nature et doit être exécuté tant qu'il n'a pas été révoqué.

La prohibition de chasser en temps de neige ne s'applique pas à la destruction des animaux nuisibles ou malfaisants.

Animaux domestiques. — Le fait de tuer des animaux domestiques, tels que des volailles, n'étant pas compris au nombre des actes de chasse, peut constituer, suivant les cas, un délit correctionnel ou une contravention de simple police. — Spécialement la destruction des pigeons de colombier ou même des pigeons voyageurs ne constitue, en dehors des cas où elle est permise par la loi sur la police rurale du 4 avril 1889, qu'un dommage à la propriété mobilière d'autrui prévu et puni par l'article 479 du Code pénal.

Art. 10. — Des ordonnances royales détermineront la gratification qui sera accordée aux gardes et gendarmes rédacteurs des procès-verbaux ayant pour objet de constater les délits.

L'ordonnance du 5 mai 1845, modifiée par la loi du 26 décembre 1890 et celle du 13 avril 1898, fixe ainsi la gratification accordée aux gendarmes, gardes forestiers, gardes champêtres, garde-pêche et gardes assermentés des particuliers qui constatent des infractions à la loi du 3 mai 1844 :

10 francs par condamnation prononcée.

Tout jugement devenu définitif, prononçant une amende distincte contre chacun des prévenus compris dans une même poursuite, donne droit à autant de gratifications qu'il y a d'amendes prononcées ; mais il n'est alloué qu'une seule gratification, bien que plusieurs gendarmes aient concouru à la rédaction du procès-verbal.

En cas de grâce, lorsque remise est faite au condamné de tout ou partie de l'amende, le droit à la gratification n'en reste pas moins entier.

Le recouvrement des amendes et le paiement des gratifications revenant aux agents rédacteurs des procès-verbaux sont aujourd'hui opérés par le percepteur de la commune où a été commis le délit.

Les extraits des jugements sont envoyés tous les trois mois au Conseil d'administration par les soins du commandant d'arrondissement. (Décret du 16 octobre 1882.)

SECTION II

DES PEINES

Art. 11. — Seront punis d'une amende
de seize à cent francs :

1º Ceux qui auront chassé sans permis
de chasse ;

2º Ceux qui auront chassé sur le terrain
d'autrui sans le consentement du propriétaire.

L'amende pourra être portée au double
si le délit a été commis sur des terres non
encore dépouillées de leurs fruits, ou s'il
a été commis sur un terrain entouré d'une
clôture continue faisant obstacle à toute
communication avec les héritages voisins,
mais non attenant à une habitation.

Pourra ne pas être considéré comme
délit de chasse le fait du passage des
chiens courants sur l'héritage d'autrui,
lorsque ces chiens seront à la suite d'un
gibier lancé sur la propriété de leurs
maîtres, sauf l'action civile, s'il y a lieu,
en cas de dommages ;

3º Ceux qui auront contrevenu aux

arrêtés des préfets concernant les oiseaux de passage, le gibier d'eau, la chasse en temps de neige, l'emploi des chiens lévriers, ou aux arrêtés concernant la destruction des oiseaux et celle des animaux nuisibles ou malfaisants ;

4° Ceux qui auront pris ou détruit, sur le terrain d'autrui, des œufs ou couvées de faisans, de perdrix ou de cailles ;

5° Les fermiers de la chasse, soit dans les bois soumis au régime forestier, soit sur les propriétés dont la chasse est louée au profit des communes ou établissements publics, qui auront contrevenu aux clauses et conditions de leurs cahiers de charges relatives à la chasse.

Chasse sans permis. — La non-représentation du permis de chasse ne saurait constituer un délit, si le chasseur qui n'en était pas porteur, quand il a été surpris par la gendarmerie, fait plus tard la preuve qu'il en était cependant pourvu.

Le refus même d'exhiber son permis de chasse ne suffit pas à établir un délit. Ce refus peut faire l'objet d'une citation en police correctionnelle ; mais si le chasseur justifie à l'audience qu'il était porteur d'un permis, il doit être acquitté.

Les quittances de versement délivrées par le percepteur ne peuvent tenir lieu de permis.

Ne peut être acquitté celui qui justifie avoir

fait toutes les démarches nécessaires pour obtenir un permis de chasse.

(Voyez aussi les notes sous le paragraphe 1er de l'article 1er et sous l'article 5.)

Chasse sur le terrain d'autrui. — La présence du chasseur sur le terrain d'autrui n'est pas nécessaire pour qu'il y ait délit.

(Voyez, à cet égard, les notes très importantes sous le paragraphe 2 de l'article 1er et le paragraphe 1er de l'article 9.)

Chasse sur les terres d'autrui non dépouillées de leurs fruits. — Le fait que les terres ne sont pas encore dépouillées de leurs récoltes ne constitue pas un délit spécial et nouveau ; ce n'est qu'une circonstance aggravante du délit de chasse sur le terrain d'autrui. Il en est de même de cette circonstance que le terrain est entouré d'une clôture continue, faisant obstacle à toute communication avec les héritages voisins, mais non attenant à une habitation.

Qu'entend-on par terres non dépouillées de leurs fruits ? Il y a là une question de fait abandonnée à l'appréciation des tribunaux. Une prairie dont l'herbe vient d'être fraîchement coupée est dépouillée de sa récolte ; il n'en est pas de même quelque temps après, si l'herbe a de nouveau poussé. Les procès-verbaux doivent relater soigneusement si le passage est de nature à causer un *dommage*, condition essentielle pour qu'il y ait lieu à l'aggravation prévue par la loi.

Il est hors de doute que le propriétaire peut chasser sur ses propres terres, quoiqu'elles ne soient pas dépouillées de leurs fruits.

(Voir plus bas les articles 12 *in fine*, 13 et 26 et les notes sous ces articles.)

Passage des chiens courants sur le terrain d'autrui. — Pour que ce passage ne tombe pas sous l'application de la loi pénale, il faut que le gibier ait été lancé sur une autre propriété où la chasse avait été commencée avec droit; qu'il s'agisse de chiens courants et qu'il y ait eu, de la part des chasseurs, abstention de tout fait de chasse durant la traversée de l'héritage d'autrui, lorsqu'ils n'ont pu empêcher leurs chiens d'y pénétrer.

Contravention aux arrêtés préfectoraux. — (Voyez, en ce qui concerne ces contraventions, les notes placées sous l'article 9.)

Fermiers de la chasse. — Le fermier d'une chasse qui accorde l'autorisation de chasser à un tiers, alors que le cahier des charges ne le lui permet pas, tombe sous l'application du paragraphe 5 de l'article 11; de plus, procès-verbal doit être aussi dressé contre la personne qu'il a autorisée. Toutefois, lorsqu'il y a seulement excédent d'invités, le fermier seul est pénalement responsable.

Art. 12. — Seront punis d'une amende de cinquante à deux cents francs, et pourront, en outre, l'être d'un emprisonnement de six jours à deux mois :

1° Ceux qui auront chassé en temps prohibé;

2° Ceux qui auront chassé pendant la nuit ou à l'aide d'engins ou d'instruments prohibés, ou par d'autres moyens que ceux qui sont autorisés par l'article 9;

3º Ceux qui seront détenteurs ou ceux qui seront trouvés munis ou porteurs, hors de leur domicile, de filets, engins ou autres instruments de chasse prohibés;

4º Ceux qui, en temps où la chasse est prohibée, auront mis en vente, vendu, acheté, transporté ou colporté du gibier;

5º Ceux qui auront employé des drogues ou appâts qui sont de nature à enivrer le gibier ou à le détruire;

6º Ceux qui auront chassé avec appeaux, appelants ou chanterelles.

Les peines déterminées par le présent article pourront être portées au double contre ceux qui auront chassé pendant la nuit sur le terrain d'autrui et par l'un des moyens spécifiés au deuxième paragraphe, si les chasseurs étaient munis d'une arme apparente ou cachée.

Les peines déterminées par l'article 11 et par le présent article seront toujours portées au maximum lorsque les délits auront été commis par les gardes champêtres ou forestiers des communes, ainsi que par les gardes forestiers de l'Etat et des établissements publics.

Chasse en temps prohibé. — L'arrêté préfectoral, qui fixe le jour de la fermeture de la chasse,
détermine d'ordinaire un nouveau laps de temps
pendant lequel est permise seulement la chasse
du gibier de passage ou du gibier d'eau. Il sera
bien difficile, hors le cas de flagrant délit, de
constater qu'il y a eu chasse en temps prohibé,
c'est-à-dire recherche d'un animal ou d'un oiseau
non compris dans la nomenclature du gibier
d'eau ou de passage. Les gendarmes ou gardes ne
devront donc, même lorsqu'ils se trouveront en
présence d'un chasseur sans permis, dresser procès-verbal pour chasse en temps prohibé que
lorsque des faits précis, des présomptions graves
ou la déclaration du délinquant lui-même leur
permettront d'avoir la certitude qu'un délit de
cette nature a été commis. Il est bien entendu
qu'ils pourront toujours verbaliser pour chasse
sans permis, s'il y a lieu.

Chasse par des moyens prohibés. — (Voyez les
notes sous les paragraphes 1 et 2 de l'article 9.)

Détention et transport d'engins prohibés. — La
loi sur la pêche fluviale ne punit que les indivi-
dus trouvés munis ou porteurs, hors de leur domicile, d'engins prohibés. La loi sur la chasse va
plus loin et punit ceux qui en sont possesseurs et
qui les détiennent dans leur demeure. Toutefois,
les visites domiciliaires pour la recherche de ces
engins ne peuvent avoir lieu que sur réquisition
du ministère public et sur ordonnance du juge
d'instruction.

La détention de toute sorte de filets destinés à
prendre les oiseaux, même par un marchand
d'instruments de chasse, constitue un délit aux
termes de la loi.

Vente et colportage du gibier en temps prohibé.
— (Voyez plus haut les notes sous l'article 4.)

Art. 13. — Celui qui aura chassé sur le
terrain d'autrui sans son consentement,
si ce terrain est attenant à une maison
habitée ou servant à l'habitation, et s'il
est entouré d'une clôture continue faisant
obstacle à toute communication avec les
héritages voisins, sera puni d'une amende
de cinquante à trois cents francs, et pourra
l'être d'un emprisonnement de six jours à
trois mois.

Si le délit a été commis pendant la nuit,
le délinquant sera puni d'une amende de
cent francs à mille francs, et pourra l'être
d'un emprisonnement de trois mois à deux
ans, sans préjudice, dans l'un et l'autre
cas, s'il y a lieu, de plus fortes peines prononcées par le Code pénal.

L'acte de chasse dénote ici une audace qui ne
reculerait pas devant les actes de violence les
plus graves : c'est ce qui explique la rigueur de
la loi.

La fin de l'article fait allusion aux autres délits
ou crimes qui peuvent accompagner le délit de
chasse.

Art. 14. — Les peines déterminées par
les articles qui précèdent pourront être
portées au double si le délinquant était en

état de récidive, s'il était déguisé ou masqué, s'il a pris un faux nom, s'il a usé de violences envers les personnes, ou s'il a fait des menaces, sans préjudice, s'il y a lieu, de plus fortes peines prononcées par la loi.

Lorsqu'il y aura récidive, dans les cas prévus en l'article 11, la peine de l'emprisonnement de six jours à trois mois pourra être appliquée, si le délinquant n'a pas satisfait aux condamnations précédentes.

Les outrages par paroles, gestes ou menaces et les violences envers les agents dépositaires de la force publique sont punis par les articles 224, 230 et suivants du Code pénal ordinaire.

Art. 15. — Il y a récidive lorsque, dans les douze mois qui ont précédé l'infraction, le délinquant a été condamné en vertu de la présente loi.

Les douze mois se comptent, non à partir de la date du fait antérieur, mais à partir du jour où la condamnation est intervenue.

Art. 16. — Tout jugement de condamnation prononcera la confiscation des filets, engins et autres instruments de chasse. Il ordonnera, en outre, la destruction des engins prohibés.

Il prononcera également la confiscation
des armes, excepté dans le cas où le délit
aura été commis par un individu muni
d'un permis de chasse, dans le temps où
la chasse est autorisée.

Si les armes, filets, engins ou autres
instruments de chasse n'ont pas été saisis,
ιe délinquant sera condamné à les repré-
senter ou à en payer la valeur, suivant la
fixation qui en sera faite par le jugement,
sans qu'elle puisse être au-dessous de cinquante francs.

Les armes, engins ou autres instruments de chasse abandonnés par les délinquants restés inconnus seront saisis et
déposés au greffe du tribunal compétent.
La confiscation et, s'il y a lieu, la destruction en seront ordonnées sur le vu du
procès-verbal.

Dans tous les cas, la quotité des dommages-intérêts est laissée à l'appréciation des tribunaux.

Pour que la confiscation ne soit pas une peine
illusoire et que les délinquants ne déposent pas
au greffe des armes hors de service, les agents
chargés de verbaliser en matière de chasse devront donner dans leurs procès-verbaux le signa-

lement exact et détaillé des intruments de
chasse non saisis, en y mentionnant les parti-
cularités que présentent ces armes ou engins,
les marques de fabrique, les lettres ou les
numéros qu'ils portent et l'emplacement de ces
différents signes. (Circul. du 12 mai 1903.)

Il n'y a pas lieu à confiscation des armes, si
le délit a été commis par un chasseur muni
d'un permis, dans le temps où la chasse est
autorisée.

Art. 17. — En cas de conviction de
plusieurs délits prévus par la présente loi,
par le Code pénal ordinaire ou par les lois
spéciales, la peine la plus forte sera seule
prononcée.

Les peines encourues pour des faits
postérieurs à la déclaration du procès-
verbal de contravention pourront être
cumulées, s'il y a lieu, sans préjudice des
peines de la récidive.

Art. 18. — En cas de condamnation
pour délits prévus par la présente loi, les
tribunaux pourront priver le délinquant
du droit d'avoir un permis de chasse pour
un temps qui n'excédera pas cinq ans.

Art. 19. — La gratification mentionnée
en l'article 10 sera prélevée sur le produit
des amendes.

Le surplus desdites amendes sera attri-
bué aux communes sur le territoire des-
quelles les infractions auront été com-
mises.

Art. 20. — L'article 463 du Code pénal
ne sera pas applicable aux délits prévus
par la présente loi.

L'article 463 est relatif aux circonstances atté-
nuantes et permet aux tribunaux d'abaisser la
peine au-dessous du minimum prévu par la loi,
et même de substituer l'amende à l'emprisonnement ; il n'est pas applicable en matière de
chasse.

SECTION III

DE LA POURSUITE ET DU JUGEMENT

Art. 21.— Les délits prévus par la présente loi seront prouvés, soit par procès-verbaux ou rapports, soit par témoins, à défaut de rapports et procès-verbaux, ou à leur appui.

En cas d'irrégularité ou de nullité du procès-verbal, la preuve par témoins est toujours admissible.

Les agents rédacteurs de procès-verbaux peuvent être entendus comme témoins et, dans ce cas, ils ont droit à la taxe accordée aux témoins ordinaires.

A défaut de témoignages, l'aveu du prévenu est suffisant pour établir le délit de chasse.

Est valable et régulière la constatation du délit faite en dehors d'un enclos, pour ne pas attenter à l'inviolabilité du domicile.

Art. 22. — Les procès-verbaux des maires et adjoints, commissaires de police, officiers, maréchaux des logis ou brigadiers de gendarmerie, gendarmes, gardes forestiers, garde-pêche, gardes champêtres ou gardes assermentés des particuliers, feront foi jusqu'à preuve contraire.

Art. 23. — Les procès-verbaux des employés des contributions indirectes et des octrois feront également foi jusqu'à preuve contraire lorsque, dans la limite de leurs attributions respectives, ces agents rechercheront et constateront les délits prévus par le paragraphe de l'article 4.

Art. 24. — Dans les vingt-quatre heures du délit, les procès-verbaux des gardes seront, à peine de nullité, affirmés par les rédacteurs devant le juge de paix ou l'un de ses suppléants, ou devant le maire ou l'adjoint, soit de la commune de leur résidence, soit de celle où le délit aura été commis.

La loi assujettit à l'affirmation seulement les procès-verbaux des gardes.
Les procès-verbaux des gendarmes sont donc dispensés de l'affirmation.

Art. 25. — Les délinquants ne pourront être saisis ni désarmés ; néanmoins, s'ils sont déguisés ou masqués, s'ils refusent de faire connaître leurs noms, ou s'ils n'ont pas de domicile connu, ils seront conduits immédiatement devant le maire ou le juge de paix, lequel s'assurera de leur individualité.

Il importe de remarquer que cet article ne vise que les *délinquants*. Il faut par suite, pour qu'il y ait lieu à son application, qu'un délit de chasse ait été réellement commis.

Certaines des circonstances énumérées dans cet article peuvent constituer une aggravation du délit de chasse. (Voyez plus haut l'article 14.)

Art. 26. — Tous les délits prévus par la présente loi seront poursuivis d'office par le ministère public, sans préjudice du droit conféré aux parties lésées par l'article 182 du Code d'instruction criminelle.

Néanmoins, dans le cas de chasse sur le terrain d'autrui sans le consentement du propriétaire, la poursuite d'office ne pourra être exercée par le ministère public, sans une plainte de la partie intéressée, qu'autant que le délit aura été commis dans un terrain clos, suivant les termes de l'article 2, et attenant à une habitation, ou sur des terres non encore dépouillées de leurs fruits.

L'article 182 du Code d'instruction criminelle

a trait aux citations devant le tribunal correctionnel données directement au prévenu et aux
personnes responsables du délit par la partie
civile lésée par le délit ou par l'administration
forestière.

L'administration forestière a le droit de tran-
siger pour tous les faits de chasse commis dans
les bois soumis au régime forestier.

Dans le cas de chasse sur le terrain d'autrui,
quoique ce terrain soit complètement clos, s'il
n'est pas attenant à une habitation (cas prévu
par l'article 11, § 2, deuxième alinéa *in fine*), la
poursuite ne peut être exercée que sur une plainte
du propriétaire et cette plainte doit être annexée
au procès-verbal, comme pour le simple délit de
chasse sur le terrain d'autrui, sans circonstance
aggravante.

Art. 27. — Ceux qui auront commis
conjointement les délits de chasse seront
condamnés solidairement aux amendes,
dommages-intérêts et frais.

Art. 28. — Le père, la mère, le tuteur,
les maîtres et commettants sont civile-
ment responsables des délits de chasse
commis par leurs enfants mineurs non
mariés, pupilles demeurant avec eux,
domestiques ou préposés, sauf tout recours
de droit.

Cette responsabilité sera réglée conformément à l'article 1384 du Code civil, et

ne s'appliquera qu'aux dommages-intérêts et frais, sans pouvoir toutefois donner
lieu à la contrainte par corps.

La responsabilité civile ne s'applique ni à l'a-
mende, ni à la confiscation de l'arme ou des
engins.

Art. 29. — Toute action relative aux
délits prévus par la présente loi sera pres-
crite par le laps de trois mois, à compter
du jour du délit.

Le jour où a été commis le délit n'est pas
compris dans le délai de trois mois.

SECTION IV.

DISPOSITIONS GÉNÉRALES.

Art. 30. Les dispositions de la présente loi relatives à l'exercice du droit de chasse ne sont pas applicables aux propriétés de la Couronne. Ceux qui commettraient des délits de chasse dans ces propriétés seront poursuivis et punis conformément aux sections II et III.

Art. 31. — Le décret du 4 mai 1812 et la loi du 30 avril 1790 sont abrogés.

Sont et demeurent également abrogés les lois, arrêtés, décrets et ordonnances intervenus sur les matières réglées par la présente loi, en tout ce qui est contraire à ses dispositions.

Librairie militaire Henri CHARLES-LAVAUZELLE
Paris et Limoges.

MINISTÈRE DE LA GUERRE. — **Décret du 20 mai 1903 portant règlement sur l'organisation et le service de la gendarmerie.** (Arrêté à la date du 1ᵉʳ mai 1907.) — Volume in-8° de 180 pages, cartonné.......... 1 25

Décret du 14 octobre 1905, portant règlement sur le service intérieur de la gendarmerie départementale.

TEXTE. — Volume arrêté à la date du 1ᵉʳ mai 1907................... 1 25
MODÈLES.. 1 25

Décret du 15 mars 1905 sur les **exercices à cheval** de la gendarmerie départementale. — Volume in-32 de 299 pages, cartonné........ 1 50

Décret du 15 mars 1905 sur les **exercices de la gendarmerie à pied.** — Volume in-32 de 134 pages........................... 1 »

Règlement du 3 janvier 1903 sur la solde et les revues de la gendarmerie. — TEXTE. — Volume in-8° de 212 pages, cartonné......... 1 50

MODÈLES. (A jour au 1ᵉʳ juin 1904.) — Volume in-8° de 146 pag., cart. 1 25

Règlement du 5 décembre 1902 sur l'administration et la comptabilité des corps de la gendarmerie. — Volume in-8° de 186 pages, cartonné... 1 50

MODÈLES. (Arrêtés à la date du 1ᵉʳ juin 1904.) — Volume in-8° de 352 pages, cartonné.. 2 25

Tarifs de la solde, des masses, indemnités, gratifications, primes, parts d'amendes et abonnements de la gendarmerie (2ᵉ édition). — Brochure in-8° de 104 pages.................................. 1 25

Instruction sur le service de la gendarmerie en campagne (édition mise à jour des textes en vigueur jusqu'en mars 1908). — Vol. in-8° de 174 pages, broché. 1 30; cartonné......................... 1 75

Instruction provisoire du 6 mai 1892 sur la carabine de gendarmerie modèle 1890. (Nomenclature, démontage, remontage, entretien, maniement et emploi.) — Volume in-32 de 88 pages, avec figures, cartonné...... » 60

Code de justice militaire pour l'armée de terre, annexes, formules et modèles. (Edition mise à jour des textes en vigueur jusqu'au 15 avril 1906.) — Volume in-8° de 184 pages, cartonné................ 2 »

Nouveaux Codes français et lois usuelles civiles et militaires. Recueil spécialement destiné à la gendarmerie et à l'armée (13ᵉ mille). — Volume in-12 de 1.100 pages, relié pleine toile gaufrée............ 5 »

Recueil de la jurisprudence à l'usage de la gendarmerie, par E. CORSIN, chef d'escadron de gendarmerie, officier d'académie. — Volume in-8° de 400 pages, relié toile anglaise.......................... 3 »

Troubles et émeutes. Recueil des documents officiels indiquant les mesures à prendre par les autorités civiles et par les autorités militaires, par J. SAUMUR, ✳. ☙, officier d'administration de 1ʳᵉ classe d'état-major. (Extrait de l'*Encyclopédie militaire*.) — Volume in-32 de 88 pages... » 50

Emplois civils et militaires réservés aux engagés et rengagés de l'armée. — Volume arrêté à la date du 15 juin 1908, suivi de la préparation des examens, traitement, avancement, attribution des titulaires, etc., etc. — In-8° de 398 pages................................. 3 »

Manuel pratique à l'usage des militaires de tous grades de la gendarmerie, par le lieutenant LAMOTTE, 3ᵉ édition. — Volume in-18 de 334 pages. 2 50

Etude résumée des principaux caractères du Signalement descriptif, dit « Portrait parlé » (*Méthode Bertillon*), par le capitaine PIERRE, de la garde républicaine (6ᵉ édition). — Brochure in-8° de 72 pages, ornée de 94 figures.. 1 50